La Psicología del Trading

Domina tus emociones y conquista los mercados

Victor Vandersan

Calgaro Publisher

Derechos de autor © 2024 Victor Vandersan

Todos los derechos reservados.

Este libro está protegido por derechos de autor. Ninguna parte de este libro puede ser reproducida, almacenada en un sistema de recuperación o transmitida de cualquier forma o por cualquier medio, electrónico, mecánico, fotocopia, grabación u otro, sin la previa autorización por escrito del autor.

Las violaciones de derechos de autor son ilegales y pueden resultar en multas y/o prisión.

Gracias por su comprensión.

CONTENIDO

Página del título
Derechos de autor
La Importancia del Mindset en el Trading   1
Autoconocimiento   5
Domando la Ansiedad   8
Resiliencia Emocional   15
  21
Toma de Decisiones Racionales
Administración del Riesgo y Emociones   24
Disciplina y Consistencia   31
Controlando la Impulsividad   39
Enfoque y Concentración   41
Autoconfianza y autoestima   45
Aprendizaje Continuo   48
Gestión del Estrés   51
Mindfulness en el Trading   55
Evaluación Post-Trade   59
Manteniendo la Motivación   63
Networking y Soporte   67
El Impacto de las Creencias Limitantes   71

LA IMPORTANCIA DEL MINDSET EN EL TRADING

El mundo del trading es un entorno desafiante y complejo, donde decisiones rápidas y precisas pueden llevar a grandes recompensas, pero también a pérdidas significativas. Sin embargo, la clave para el éxito en este mundo va más allá de las habilidades técnicas y del análisis de mercado. Lo que verdaderamente distingue a los traders exitosos de aquellos que luchan por obtener resultados es la mentalidad: la forma en que enfrentan los altibajos del mercado.

En este capítulo, exploraremos a fondo la importancia de la mentalidad en el trading y cómo puede afectar su rendimiento, su toma de decisiones y, en última instancia, sus resultados financieros.

LA FUNDACIÓN DE LA MENTALIDAD DEL TRADER

Antes de sumergirnos en los detalles, es fundamental comprender la base de la mentalidad del trader. La mentalidad es la configuración mental, el conjunto de creencias, actitudes y percepciones que moldean la forma en que usted aborda el mercado y las situaciones que enfrenta. No solo afecta sus decisiones de trading, sino también cómo maneja las consecuencias de esas decisiones.

La mentalidad de un trader puede dividirse en dos categorías principales: mentalidad fija y mentalidad de crecimiento. La mentalidad fija se caracteriza por creer que las habilidades y los resultados son estáticos, que uno nace con un cierto nivel de talento y no hay mucho que hacer para mejorar. En contraste, la mentalidad de crecimiento fomenta la creencia de que las habilidades y los resultados pueden desarrollarse con el tiempo mediante esfuerzo, aprendizaje y práctica continuos.

LOS PILARES DE LA MENTALIDAD DE UN TRADER EXITOSO

Autoconocimiento Profundo: Antes de comenzar a operar en los mercados financieros, es crucial entenderse a sí mismo. Esto implica reconocer sus puntos fuertes y débiles, sus tendencias emocionales y sus reacciones bajo presión. El autoconocimiento le permite tomar decisiones informadas y evitar trampas psicológicas que pueden llevar a pérdidas.

Resiliencia Emocional: El trading es un campo volátil e impredecible. Los traders exitosos tienen la habilidad de enfrentar desafíos y pérdidas sin ser dominados por emociones negativas. La resiliencia emocional le permite mantener el enfoque y la objetividad, incluso en las situaciones más estresantes.

Toma de Decisiones Racional: Una mentalidad exitosa en el trading se basa en decisiones racionales y bien fundamentadas, en lugar de estar gobernado por las emociones del momento. Esto implica analizar cuidadosamente los datos disponibles, identificar tendencias y seguir un plan de trading bien definido.

Disciplina y Consistencia: La disciplina es la piedra angular de un trader consistente y exitoso. Mantenerse fiel a su plan de trading, incluso cuando la tentación de desviarse es fuerte, es un aspecto vital de la mentalidad de un trader disciplinado.

Enfoque en el Proceso, No en el Resultado: El resultado de cada operación puede ser incierto, pero el enfoque debe estar en el proceso y la ejecución de las estrategias. Esto ayuda a evitar que se preocupe demasiado por los resultados inmediatos y permite un enfoque más equilibrado e informado.

EL PODER DE LA MENTALIDAD POSITIVA

Un componente crucial de la mentalidad del trader es la mentalidad positiva. Tener una actitud optimista y constructiva no solo mejora su capacidad para enfrentar desafíos, sino que también influye en su rendimiento general. La mentalidad positiva le permite mantener la motivación, la autoconfianza y la resiliencia, incluso cuando las cosas no salen según lo planeado.

Es importante destacar que una mentalidad positiva no significa ignorar los riesgos o descuidar la realidad del mercado. En cambio, se trata de abordar las situaciones con confianza, flexibilidad y disposición para aprender de las experiencias, ya sean positivas o negativas.

△△△

El mindset del trader es una herramienta poderosa que puede determinar su éxito o fracaso en los mercados financieros. La comprensión profunda de uno mismo, la resiliencia emocional, la toma de decisiones racional, la disciplina, el enfoque en el proceso y la mentalidad positiva son los cimientos de esta mentalidad ganadora.

En los próximos capítulos, exploraremos cada uno de estos pilares con más detalle, proporcionando estrategias prácticas y conocimientos para desarrollar una mentalidad que lo lleve al éxito en el trading. Recuerde, la mentalidad es una habilidad que puede cultivarse y mejorarse con dedicación y práctica continua.

Prepárese para un viaje de autodescubrimiento y crecimiento, ya que la mentalidad del trader es la clave para desbloquear su verdadero potencial en el mercado financiero.

AUTOCONOCIMIENTO

El mundo del trading es un entorno dinámico y desafiante, donde las emociones y la toma de decisiones juegan un papel crucial. Sin embargo, antes de enfrentarse a los mercados financieros, es esencial mirar hacia adentro y desarrollar un profundo sentido de autoconocimiento. Este capítulo explora la importancia del autoconocimiento como base del éxito en el trading, destacando cómo la comprensión de uno mismo puede impactar directamente en las operaciones y los resultados.

EL ESPEJO DE LA MENTE: EXPLORANDO NUESTRAS MOTIVACIONES Y CREENCIAS

Antes de adentrarnos en los intrincados vericuetos del mercado, es vital comprender por qué nos estamos involucrando en el trading. Al explorar nuestras motivaciones, podemos establecer objetivos claros y realistas. Pregúntese a sí mismo: ¿cuál es su principal motivación para convertirse en trader? ¿Es la búsqueda de la libertad financiera, la emoción del desafío o la pasión por analizar los mercados?

Además, es crucial identificar y examinar nuestras creencias personales sobre el dinero, el éxito y la autoestima. Creencias limitantes pueden sabotear nuestros esfuerzos en el trading, mientras que creencias fortalecedoras pueden impulsarnos. Por ejemplo, si usted cree que no es digno de prosperidad, esto puede influir en sus decisiones financieras inconscientemente. Descubrir estas creencias y reemplazarlas por aquellas que promuevan una mentalidad de éxito es fundamental.

EL DIARIO DEL TRADER: MONITOREANDO EMOCIONES Y PATRONES DE COMPORTAMIENTO

Mantener un diario de trading es una herramienta poderosa para cultivar el autoconocimiento. Registre no solo detalles sobre sus operaciones, sino también sus emociones, pensamientos y circunstancias personales durante cada trade. Esto le permite identificar patrones de comportamiento recurrentes y comprender cómo sus emociones influyen en sus decisiones.

Al analizar su diario de trading, puede comenzar a reconocer disparadores emocionales que afectan su desempeño. Por ejemplo, tal vez note que tiende a tomar decisiones impulsivas cuando está cansado o ansioso. Ser consciente de estos patrones permite la implementación de estrategias para manejarlos de manera más efectiva.

MINDFULNESS Y AUTOCONTROL: CULTIVANDO LA PRESENCIA EN EL TRADING

La práctica del mindfulness, o atención plena, puede ser inestimable para un trader. El mindfulness implica estar totalmente presente en el momento, sin juicio. Al aplicar el mindfulness al trading, aprende a reconocer y aceptar sus emociones sin ser dominado por ellas. Esto permite una toma de decisiones más objetiva y reduce la influencia de respuestas emocionales impulsivas.

Para cultivar el autocontrol, experimente técnicas de mindfulness, como la meditación y la respiración consciente, antes de iniciar sus sesiones de trading. Estos momentos de calma y enfoque pueden mejorar su claridad mental y prepararlo para enfrentar los desafíos del mercado con más equilibrio emocional.

DOMANDO LA ANSIEDAD

La ansiedad es una emoción inevitable en el mundo del trading. En este capítulo, exploraremos cómo comprender y gestionar la ansiedad puede ser crucial para mantener una mentalidad positiva y efectiva. Abordaremos estrategias prácticas para enfrentar las presiones y expectativas del mercado, permitiendo que los traders mantengan la calma, tomen decisiones racionales y eviten errores impulsivos.

COMPRENDIENDO LA ANSIEDAD EN EL TRADING

La ansiedad es una compañera constante en el mundo del trading, una emoción que puede manifestarse como una sombra incómoda, influenciando sutilmente nuestras decisiones y acciones. Es una reacción natural ante la incertidumbre y las complejidades del mercado financiero, una respuesta visceral a las presiones y expectativas que recaen sobre los hombros del trader. Comprender la ansiedad en el contexto del trading es el primer paso para dominarla y transformarla en una aliada en lugar de una adversaria.

Al comprender la ansiedad, debemos recordar que es una parte intrínseca de la condición humana. La historia del mercado financiero está llena de altibajos, giros dramáticos e inesperados. No es de extrañar que los traders, independientemente de la experiencia, enfrenten momentos de inseguridad y preocupación. Esta ansiedad no es un signo de debilidad, sino más bien un reflejo de la complejidad del entorno en el que operamos.

Sin embargo, no debemos permitir que la ansiedad se convierta en la fuerza dominante en nuestras decisiones. Puede distorsionar nuestras percepciones, amplificar nuestros miedos y llevarnos a tomar decisiones impulsivas basadas en el calor del momento. Comprender la ansiedad nos da la capacidad de reconocerla cuando se presenta, de detectar las señales sutiles que nos alertan sobre su presencia.

La ansiedad a menudo surge de la falta de control sobre lo que está por venir. El mercado es un territorio fluido, impredecible, y tratar de prever cada movimiento es una tarea que roza lo imposible. Comprender esta falta de control, aceptarla e integrarla en nuestra mentalidad de trading nos ayuda a cultivar un enfoque más flexible, una disposición para adaptarnos a los cambios y enfrentar los desafíos.

Comprender la ansiedad en el trading también requiere autoconocimiento. Debemos estar atentos a nuestras propias tendencias emocionales, a las situaciones que desencadenan ansiedad y a las formas en que reaccionamos ante ella. Este autoconocimiento nos permite desarrollar estrategias personalizadas para gestionar la ansiedad, desde técnicas de respiración y relajación hasta la creación de rituales de preparación que calman nuestros nervios antes de entrar en el mercado.

En última instancia, la ansiedad en el trading es una invitación a la autotransformación. Es un recordatorio de que, aunque estamos tratando con números y gráficos, somos seres humanos con emociones y complejidades. Comprender la ansiedad no se trata solo de minimizarla, sino también de reconocer el potencial de crecimiento personal que ofrece. Al enfrentar la ansiedad con resiliencia, paciencia y autoconciencia, nos estamos convirtiendo en traders más completos y capacitados, capaces de navegar por el mundo del trading con confianza y perspicacia.

IDENTIFICANDO SÍNTOMAS DE ANSIEDAD

En el torbellino del mercado financiero, donde decisiones rápidas y precisas son esenciales, la ansiedad puede infiltrarse de manera sutil, afectando nuestro juicio y llevándonos a acciones impulsivas. Identificar los síntomas de ansiedad es una habilidad fundamental para todo trader que busca mantener el control emocional y la lucidez en medio de la volatilidad de los mercados.

Los síntomas de ansiedad varían de persona a persona, pero pueden incluir una serie de respuestas físicas, emocionales y cognitivas. A menudo, los primeros signos pueden ser sutiles, casi imperceptibles, pero al reconocerlos, estamos capacitados para actuar de manera proactiva para minimizar su impacto negativo.

Los síntomas físicos pueden manifestarse como palpitaciones aceleradas, sudoración excesiva, temblores o sensación de opresión en el pecho. La tensión muscular, la irritabilidad y el sueño perturbado también pueden ser indicadores de ansiedad que afectan la habilidad del trader para mantener un estado mental equilibrado.

Emocionalmente, la ansiedad puede manifestarse como inquietud, aprensión constante y miedo al fracaso. La vacilación para tomar decisiones, la falta de confianza y la autocrítica intensificada son señales de que la ansiedad está desempeñando un papel significativo en la mentalidad del trader.

Cognitivamente, la ansiedad puede afectar la capacidad de concentración y enfoque. Pensamientos acelerados, dificultad para analizar información de manera lógica y la tendencia a anticipar escenarios negativos son indicadores de que la ansiedad está ejerciendo su influencia en la toma de decisiones.

Al identificar estos síntomas, es importante recordar que la ansiedad no es una debilidad, sino una reacción natural a un entorno desafiante. Reconocer estos signos no solo nos permite abordar la ansiedad de manera proactiva, sino también desarrollar estrategias específicas para enfrentarla.

Una vez que se identifican los síntomas de ansiedad, podemos comenzar a implementar técnicas de gestión eficaces. Esto puede incluir prácticas de relajación, como la respiración profunda y la meditación, que ayudan a calmar el sistema nervioso. El cultivo de una mentalidad de aceptación y la práctica de pensamientos positivos también pueden desempeñar un papel crucial en la reducción de los síntomas de ansiedad.

TÉCNICAS DE RELAJACIÓN Y RESPIRACIÓN

En el escenario acelerado del trading, donde decisiones rápidas y precisas son la clave del éxito, la adopción de técnicas de relajación y respiración puede ser una herramienta poderosa para mantener la calma y la claridad mental. En un ambiente donde la ansiedad y el estrés pueden manifestarse rápidamente, dominar estas técnicas ofrece a los traders una ventaja significativa para tomar decisiones más equilibradas y fundamentadas.

La respiración consciente es una de las técnicas de relajación más accesibles y efectivas disponibles. Al concentrarnos en la respiración, podemos traer la mente de vuelta al momento presente, alejándola de preocupaciones futuras o pérdidas pasadas. La respiración profunda, lenta y controlada activa el sistema nervioso parasimpático, responsable de promover una sensación de calma y relajación.

Para practicar la respiración consciente, encuentre un lugar tranquilo para sentarse o acostarse. Cierre los ojos y comience a respirar profundamente, prestando atención al movimiento del aire en su cuerpo. Mientras inhala, sienta el aire llenando sus pulmones y expandiendo su abdomen. Luego, exhale lentamente, liberando cualquier tensión acumulada. Concéntrese completamente en la sensación de la respiración, dejando de lado cualquier pensamiento o preocupación. Practicar esta técnica durante unos minutos al día puede calmar la mente y prepararlo para enfrentar el mercado con tranquilidad.

Otra técnica de relajación es la progresión muscular, que implica la tensión y el relajamiento consciente de los grupos musculares. Esto no solo reduce la tensión física, sino que también ayuda a aliviar el estrés mental. Comience tensando un grupo muscular, como los músculos faciales, manteniendo la tensión por unos segundos y luego relajándola. Sienta la diferencia entre la tensión y el relajamiento y luego proceda a otros grupos musculares, como el cuello, los hombros, los brazos y así sucesivamente. Esta técnica ayuda a liberar la tensión acumulada en el cuerpo, promoviendo una sensación general de relajación.

Prácticas como la meditación y la visualización también pueden incorporarse a las técnicas de relajación. La meditación implica enfocar la mente en un objeto, sonido o pensamiento específico, permitiendo que la mente se calme y se concentre. La visualización, por su parte, es la creación consciente de imágenes mentales positivas que inducen a un estado de relajación y confianza.

Al adoptar estas técnicas de relajación y respiración, los traders pueden crear un "refugio interno" al que volver cuando se sientan abrumados por el estrés del mercado. Estas prácticas no solo calman la mente, sino que también pueden mejorar la claridad mental, la toma de decisiones y la resiliencia emocional. Al incorporar estas técnicas en la vida diaria del trading, los traders pueden navegar el mercado con más equilibrio y serenidad, volviéndose más preparados para enfrentar los desafíos con confianza renovada.

DESARROLLANDO RESILIENCIA EMOCIONAL

En el mundo desafiante y a menudo impredecible del trading,

la resiliencia emocional emerge como una cualidad esencial para aquellos que desean no solo sobrevivir, sino prosperar ante las oscilaciones del mercado. La resiliencia emocional es la capacidad de recuperarse rápidamente de situaciones adversas, mantener el equilibrio emocional y seguir avanzando con determinación. En el contexto del trading, esta habilidad no solo sostiene al trader durante tiempos difíciles, sino que también se traduce en decisiones más reflexivas y una mentalidad más fortalecida.

Desarrollar la resiliencia emocional comienza con la comprensión de que las pérdidas y los desafíos son inevitables en el mundo del trading. Cada operación exitosa trae consigo una lección, y cada contratiempo trae la oportunidad de crecimiento. Aceptar esta realidad es el primer paso para cultivar una mentalidad resiliente. Cuando enfrentamos pérdidas, es fácil caer en un ciclo de autocrítica y desesperación. Sin embargo, la resiliencia emocional nos permite aprender de nuestros errores, ajustar nuestra aproximación y seguir adelante con más sabiduría.

Una de las principales herramientas para desarrollar la resiliencia emocional es la capacidad de mantener la perspectiva. En medio de momentos de estrés e incertidumbre, es fácil perder de vista el panorama general y centrarse en detalles insignificantes. Cultivar la capacidad de ver más allá del momento presente, recordando las metas y objetivos a largo plazo, ayuda a reducir la intensidad de las emociones negativas y a mantener el enfoque en el camino por delante.

La autocompasión también desempeña un papel crucial en la construcción de la resiliencia emocional. Muchos traders son rigurosos consigo mismos, esperando perfección y recriminándose por cada error. Sin embargo, la resiliencia emocional nos invita a tratarnos a nosotros mismos con la misma amabilidad que trataríamos a un amigo cercano. Aceptar que somos humanos y susceptibles a errores nos ayuda a lidiar con las pérdidas de manera más compasiva y a evitar la espiral descendente de la autocrítica negativa.

La búsqueda constante de aprendizaje y crecimiento también

está en el corazón de la resiliencia emocional. En lugar de evitar situaciones desafiantes, los traders resilientes las enfrentan como oportunidades para expandir su conocimiento y habilidades. Cada experiencia, incluso las más difíciles, puede transformarse en una plataforma para evolucionar y convertirse en un trader más competente y seguro.

Finalmente, la resiliencia emocional se fortalece con el tiempo y la práctica. Al igual que un músculo que se desarrolla con ejercicios regulares, la capacidad de enfrentar las adversidades del mercado y emerger más fuerte se perfecciona a medida que nos desafiamos y nos recuperamos repetidamente. Con cada operación, cada contratiempo, cada victoria, la resiliencia emocional se refina, convirtiéndose en una cualidad poderosa que nos acompaña en nuestro viaje de trading.

RESILIENCIA EMOCIONAL

La resiliencia emocional es una de las habilidades más cruciales que un trader puede cultivar para enfrentar los desafíos inherentes al mercado financiero. En este capítulo, exploraremos cómo desarrollar esta capacidad fundamental para lidiar con la volatilidad, incertidumbres y presiones que forman parte del mundo del trading.

LA NATURALEZA VOLÁTIL DEL MERCADO

La naturaleza volátil del mercado financiero es una realidad incontestable que todo trader debe enfrentar. El escenario de negociaciones se caracteriza por una constante fluctuación de precios, influenciada por una infinidad de factores, desde eventos económicos globales hasta noticias políticas y sociales. Esta volatilidad crea un ambiente desafiante y, al mismo tiempo, lleno de oportunidades.

El mercado oscila entre momentos de euforia y de incertidumbre, muchas veces en cuestión de minutos. Las oscilaciones pueden ser impredecibles y, para el trader, lidiar con esta montaña rusa de emociones es una parte inherente del juego. La capacidad de comprender y aceptar la volatilidad como parte integral del mercado es un primer paso crucial para el desarrollo de una mentalidad resiliente.

Mientras algunas fluctuaciones pueden ser interpretadas

como oportunidades para obtener ganancias, otras pueden desencadenar ansiedad y miedo. Es en este contexto donde la resiliencia emocional se vuelve esencial. Un trader emocionalmente resiliente es capaz de mantener la calma ante cambios drásticos, evitando reacciones impulsivas que podrían comprometer su estrategia de negociación. En lugar de eso, reconoce la volatilidad como un elemento inherente y mantiene el enfoque en sus estrategias predefinidas.

La comprensión de la naturaleza volátil del mercado no solo permite que el trader maneje sus emociones, sino que también le brinda la oportunidad de prepararse adecuadamente. El análisis de riesgo se vuelve aún más vital en un ambiente volátil, ya que las fluctuaciones pueden ser abruptas y significativas. Por lo tanto, el trader resiliente busca anticipar escenarios, trazando planes de acción alternativos y estableciendo niveles de stop-loss para proteger sus inversiones.

ACEPTANDO LAS PÉRDIDAS COMO OPORTUNIDADES DE APRENDIZAJE

Aceptar las pérdidas como oportunidades de aprendizaje es un enfoque crucial para cualquier trader que desee desarrollar una mentalidad resiliente y exitosa en el mundo del mercado financiero. Cuando una negociación resulta en pérdidas, es natural sentir frustración o decepción. Sin embargo, los traders que adoptan una perspectiva de crecimiento ven estas pérdidas como momentos para análisis y mejora. En lugar de entregarse a sentimientos negativos, se dedican a comprender qué llevó a la pérdida y cómo pueden ajustar sus estrategias futuras.

La práctica de aceptar las pérdidas como oportunidades de aprendizaje conduce a una mentalidad más equilibrada y objetiva. En lugar de ver las pérdidas como fracasos personales, los traders las perciben como parte integral de su proceso de desarrollo. Este enfoque no solo reduce el impacto emocional de las pérdidas, sino que también fomenta la búsqueda continua de mejoras. Cada negociación fallida es una oportunidad para identificar debilidades y ajustar enfoques para evitar errores similares en el futuro.

Al aceptar las pérdidas como oportunidades de aprendizaje, los traders cultivan una mentalidad de responsabilidad y autoconciencia. En lugar de atribuir las pérdidas a factores externos, buscan internamente posibles errores o decisiones precipitadas. Esta autorreflexión constructiva lleva a un ciclo constante de aprendizaje y mejora, contribuyendo a un crecimiento más rápido y consistente como trader. En última instancia, este enfoque no solo impacta en el éxito en el mercado, sino que también promueve un desarrollo personal más profundo y significativo.

EL PAPEL DEL AUTOCUIDADO EN LA RESILIENCIA

En el desafiante escenario del mercado financiero, el papel del autocuidado en la construcción de la resiliencia emocional adquiere un destacado significado. Reconocer la importancia de cuidarse va más allá del aspecto físico y entra en el ámbito del bienestar emocional y mental. Los traders que comprenden la relación directa entre el autocuidado y la resiliencia están más preparados para enfrentar las adversidades del mercado con equilibrio y confianza.

El autocuidado no se trata solo de hábitos saludables de vida, sino de un enfoque consciente e intencional para nutrir el cuerpo y la mente. El sueño adecuado, una alimentación balanceada y la práctica regular de actividades físicas forman la base del autocuidado, proporcionando al trader la energía y la claridad mental necesarias para enfrentar las demandas emocionales del trading. Además, reservar tiempo para actividades relajantes, pasatiempos y momentos de ocio contribuye a la recuperación del estrés acumulado durante las negociaciones.

En un nivel más profundo, el autocuidado implica prestar atención plena a las emociones y pensamientos. La práctica de la meditación y el mindfulness permite al trader reconocer y manejar las emociones que surgen durante las negociaciones, promoviendo una mayor resiliencia ante situaciones desafiantes. La autocompasión también juega un papel crucial, permitiendo al trader tratarse con amabilidad y comprensión, incluso frente a resultados adversos.

El autocuidado no es un lujo, sino una inversión esencial en la capacidad del trader para enfrentar el mercado con una mentalidad resiliente. Al integrar prácticas de autocuidado en su rutina, el trader no solo fortalece su resiliencia emocional, sino que también promueve un enfoque más saludable y sostenible para el trading a largo plazo. La armonía entre cuerpo y mente, junto con la conciencia de las propias emociones, forma un sólido fundamento para enfrentar las presiones e incertidumbres del mercado, convirtiendo al autocuidado en un pilar fundamental en el camino hacia el éxito en el trading.

DESARROLLANDO LA CAPACIDAD DE ADAPTACIÓN

La capacidad de adaptación es uno de los pilares fundamentales de la resiliencia emocional en el trading. En el dinámico y a menudo impredecible ambiente del mercado financiero, los traders enfrentan constantes cambios en las condiciones económicas, geopolíticas e incluso en las dinámicas del mercado mismo. Aquellos que pueden adaptarse rápidamente a estos cambios tienen una ventaja competitiva crucial.

La adaptación no se trata solo de cambiar estrategias o tácticas momentáneamente; es una habilidad más profunda que requiere flexibilidad mental y emocional. Los traders que desarrollan esta capacidad son capaces de mantener la mente abierta a nuevas informaciones y perspectivas, sin quedar atrapados en una visión fija. Reconocen que las situaciones pueden evolucionar de maneras inesperadas y están dispuestos a ajustar sus estrategias en consecuencia.

Una de las maneras más efectivas de desarrollar la capacidad de adaptación es a través del aprendizaje continuo. Los traders resilientes constantemente buscan nuevos conocimientos, analizan tendencias actuales y anticipan posibles cambios en el mercado. Están dispuestos a cuestionar sus propias suposiciones y a estar abiertos a nuevos enfoques. Además, la práctica regular de auto-cuestionamiento, como "¿Estoy tomando decisiones basadas en datos actuales?" o "¿Estoy resistiendo ajustar mi estrategia por miedo a estar equivocado?", ayuda a cultivar una mentalidad de adaptación.

Aquellos que dominan la capacidad de adaptación no solo se mantienen a flote en situaciones desafiantes, sino que también pueden prosperar durante momentos de incertidumbre. Ven los cambios como oportunidades, no solo como obstáculos. Esta mentalidad positiva y adaptable les permite tomar decisiones informadas y estratégicas, incluso en medio de escenarios turbulentos. Como resultado, la capacidad de adaptación no solo contribuye al éxito en el trading, sino también al desarrollo personal duradero y a un enfoque más resiliente para la vida en general.

ESTRATEGIAS PARA CULTIVAR LA RESILIENCIA

Desarrollar la resiliencia emocional en el trading requiere un conjunto de estrategias efectivas que permitan a los traders manejar las complejidades del mercado de manera equilibrada. Un enfoque fundamental es la práctica regular de la meditación y el mindfulness. Al dedicar tiempo diario a meditar y enfocarse en el momento presente, los traders pueden aprender a observar sus emociones sin dejarse llevar por ellas. Esto ayuda a crear una distancia saludable entre los sentimientos intensos y la capacidad de tomar decisiones racionales.

Mantener un diario de operaciones es otra estrategia poderosa para cultivar la resiliencia emocional. Al registrar cada operación y los sentimientos asociados a ella, los traders pueden identificar patrones de comportamiento y emociones recurrentes. Esta autoconciencia permite una comprensión más profunda de las reacciones emocionales frente a las fluctuaciones del mercado. Con el tiempo, los traders pueden aprender a anticipar y gestionar sus reacciones, reduciendo la influencia emocional en sus decisiones.

Además, buscar el apoyo de un mentor o coach de trading puede ser altamente beneficioso para el desarrollo de la resiliencia emocional. Estos profesionales experimentados pueden ofrecer orientación valiosa sobre cómo enfrentar los desafíos del mercado y manejar las emociones asociadas al trading. El intercambio de experiencias con otros traders en grupos de apoyo también puede proporcionar ideas valiosas y una red de apoyo emocional.

Por último, la práctica de la autocompasión es una estrategia a menudo subestimada para cultivar la resiliencia. En lugar de criticarse severamente ante errores o pérdidas, los traders pueden aprender a tratarse con amabilidad y comprensión. Reconocer que los errores son parte natural del proceso de aprendizaje y que todos los traders enfrentan desafíos contribuye a una actitud más positiva hacia uno mismo y hacia el mercado.

TOMA DE DECISIONES RACIONALES

La toma de decisiones es una de las habilidades más cruciales para un trader exitoso. Sin embargo, en el mundo volátil del mercado financiero, las emociones a menudo pueden nublar nuestro juicio y llevar a elecciones precipitadas. En este capítulo, exploraremos la importancia de una toma de decisiones racional y las estrategias para evitar trampas psicológicas que pueden comprometer nuestro rendimiento.

LA INFLUENCIA DE LAS EMOCIONES EN LA TOMA DE DECISIONES

El impacto de las emociones en la toma de decisiones no puede ser subestimado. Cuando estamos bajo estrés, ansiedad o euforia, nuestra capacidad de razonamiento lógico y evaluación objetiva puede ser perjudicada. El miedo a perder o la emoción por ganancias potenciales pueden llevar a decisiones impulsivas y no fundamentadas.

La trampa de la aversión a la pérdida es un ejemplo clásico. Los traders a menudo tienen una tendencia a evitar admitir una pérdida, manteniendo posiciones en declive con la esperanza de un cambio. Esto puede resultar en pérdidas aún mayores. Por otro lado, la búsqueda del próximo gran beneficio puede llevar a elecciones arriesgadas sin un análisis adecuado.

ESTRATEGIAS PARA UNA TOMA DE DECISIONES RACIONAL

Establezca su Plan con Antelación: Antes de entrar en una negociación, tenga un plan claro en mente. Establezca los niveles de entrada y salida, así como el tamaño de la posición. Esto ayuda a evitar decisiones impulsivas en el calor del momento.

Utilice Indicadores Objetivos: Confíe en indicadores técnicos y análisis fundamentales para guiar sus decisiones. Pueden ayudar a eliminar la influencia de las emociones y proporcionar una base sólida para sus elecciones.

Implemente la Regla del 2%: Limite el riesgo de cada negociación a un máximo del 2% de su capital total. Esto evita pérdidas catastróficas y le permite mantener el control emocional, independientemente del resultado.

Practique la Paciencia: Espere las configuraciones de negociación ideales en lugar de ingresar a cada oportunidad que surja. La paciencia le permite tomar decisiones más fundamentadas y evitar operaciones impulsivas.

Evaluación de Riesgo-Retorno: Siempre evalúe el potencial de ganancia en relación con el riesgo antes de entrar en una negociación. Esto ayuda a mantener una perspectiva realista y evita que se deje llevar por emociones momentáneas.

DESARROLLANDO LA MENTALIDAD CORRECTA

La toma de decisiones racional no se trata solo de seguir

reglas estrictas, sino también de desarrollar una mentalidad sólida y disciplinada. Esto implica práctica constante y autoconciencia. Mantenga un diario de operaciones para registrar sus decisiones, emociones y los resultados obtenidos. Esto le permitirá identificar patrones de comportamiento y realizar ajustes para mejorar su toma de decisiones con el tiempo.

Recuerde que, en el trading, cada decisión es una oportunidad de aprendizaje. Sus victorias y derrotas pueden ofrecer ideas valiosas sobre cómo mejorar su enfoque. Mantener una actitud positiva y adaptable es fundamental para crecer como trader y evitar trampas psicológicas en el futuro.

ADMINISTRACIÓN DEL RIESGO Y EMOCIONES

La gestión del riesgo es uno de los pilares fundamentales del trading exitoso, pero muchas veces se descuida en favor de estrategias de entrada y salida. Sin embargo, la relación entre la gestión del riesgo y las emociones no puede ser subestimada. En este capítulo, exploraremos cómo la gestión del riesgo está intrínsecamente ligada al aspecto emocional del trading y cómo dominar esta doble clave puede llevar a una mentalidad más estable y al éxito en el mercado.

LA NATURALEZA INTRÍNSECA DEL RIESGO

La naturaleza intrínseca del riesgo es una realidad inevitable en el mundo del trading, un campo donde la incertidumbre es constante y las fluctuaciones son la norma. Cada decisión tomada en un mercado financiero trae consigo la posibilidad tanto de ganancias sustanciales como de pérdidas significativas. Este elemento de imprevisibilidad es un recordatorio constante de que, independientemente de cuán calculada sea una estrategia, el futuro permanece en gran parte desconocido.

Sin embargo, el riesgo no es un obstáculo insuperable, sino más bien un desafío que puede ser gestionado con habilidad y discernimiento. Los traders competentes comprenden que, aunque es imposible eliminar completamente el riesgo, es posible mitigarlo mediante medidas cuidadosas y enfoques bien planificados. Al abrazar la naturaleza intrínseca del riesgo, los traders pueden aprender a evaluar con precisión los peligros potenciales y a tomar decisiones informadas que buscan maximizar las oportunidades mientras minimizan las amenazas.

LA INFLUENCIA DE LAS EMOCIONES

La influencia de las emociones en el mundo del trading es un factor de extrema importancia, a menudo subestimado. Las emociones humanas, como el miedo, la codicia, la ansiedad y la excitación, tienen el poder de nublar el juicio lógico y afectar decisivamente las elecciones de un trader. Cuando no son adecuadamente reconocidas y controladas, estas emociones pueden llevar a resultados desfavorables e incluso desastrosos.

Por ejemplo, el miedo es una emoción intensamente poderosa que puede paralizar a un trader frente a una oportunidad lucrativa o inducirlo a salir de una posición antes del momento ideal. La ansiedad, por su parte, puede generar impulsos precipitados, llevando a una toma de decisiones irracional y perjudicial. Por otro lado, la codicia puede cegar a un trader ante las señales de alerta y llevarlo a asumir riesgos excesivos en busca de ganancias mayores.

Las emociones también pueden llevar a una postura defensiva frente a las pérdidas. Cuando un trade no se desarrolla como se esperaba, el trader puede apegarse emocionalmente a la posición, negándose a admitir el error y adoptando una mentalidad de "esperanza". Esto puede resultar en pérdidas mayores, ya que la incapacidad para cortar las pérdidas puede llevar a una espiral negativa de malas decisiones. Además, el ciclo de altibajos emocionales puede influir negativamente en la salud mental y la calidad de vida del trader.

DOMINANDO LAS EMOCIONES

Dominar las emociones es un desafío fundamental para cualquier trader que busque éxito consistente en los mercados financieros. Las emociones, como el miedo y la codicia, pueden ejercer una influencia poderosa sobre las decisiones de trading, a menudo llevando a resultados no deseados. La clave para dominar las emociones en el trading radica en desarrollar un alto grado de autoconciencia y autocontrol.

El primer paso para dominar las emociones es el reconocimiento y la comprensión de las reacciones emocionales. Los traders deben estar atentos a los signos de estrés, ansiedad o excitación excesiva que pueden surgir durante el trading. Al identificar estos patrones emocionales, es posible adoptar medidas proactivas para neutralizar sus influencias negativas. Esto puede implicar la interrupción temporal del trading, la práctica de ejercicios de relajación o la implementación de técnicas de mindfulness.

Además, el desarrollo de un plan de acción para manejar las emociones es crucial. Los traders pueden crear estrategias predefinidas para situaciones de alta presión, como cuando los mercados son volátiles o cuando ocurren pérdidas significativas. Tener un plan claro y detallado puede ayudar a contener reacciones impulsivas y permitir una toma de decisiones más racional. La visualización positiva también puede ser una herramienta eficaz, ayudando a los traders a imaginar escenarios desafiantes y a practicar su respuesta emocional a ellos.

Finalmente, la práctica constante es esencial para dominar las emociones. El trading en simulaciones o cuentas de demostración puede ayudar a los traders a exponer sus emociones de manera controlada, permitiéndoles observar sus reacciones e implementar técnicas de control emocional. Además, la revisión regular de trades pasados, identificando puntos fuertes y áreas de mejora, puede contribuir a mejorar la resiliencia emocional con el tiempo.

ESTRATEGIAS PARA LA GESTIÓN DEL RIESGO EMOCIONAL

La implementación de estrategias efectivas para la gestión del riesgo emocional es esencial para lograr una mentalidad sólida y estable en el mundo del trading. Uno de los enfoques más eficientes es la creación de un plan detallado que abarque diferentes escenarios de mercado. Esto implica establecer límites claros de pérdida que estás dispuesto a aceptar para cada operación, así como determinar el porcentaje máximo de capital que estás dispuesto a arriesgar en un momento dado. Tener estos criterios definidos previamente ayuda a neutralizar las influencias emocionales impulsivas durante la toma de decisiones.

Además, considera la estrategia de establecer metas de ganancias realistas para cada operación. Tener una meta específica en mente puede ayudar a evitar el exceso de codicia y la impulsividad que pueden surgir cuando las emociones están a flor de piel. Al alcanzar metas más pequeñas y consistentes, puedes mantener una sensación de logro y control emocional con el tiempo.

Otra táctica valiosa es la reevaluación constante de tu plan de trading y gestión de riesgo. En intervalos regulares, dedica tiempo a analizar tus resultados, identificar patrones emocionales recurrentes y ajustar tu plan según sea necesario. Al adoptar este enfoque adaptativo, estarás equipado para enfrentar diferentes condiciones de mercado con una mentalidad ajustada y equilibrada.

LA MENTALIDAD DEL "TRADER SABIO"

La Mentalidad del "Trader Sabio" es la culminación de un enfoque equilibrado y maduro para el mundo del trading. El "Trader Sabio" comprende que el mercado es un campo de posibilidades, pero también de riesgos. Reconoce la importancia de la preparación y el autocontrol para navegar por estas aguas turbulentas. Esta mentalidad está moldeada por una mezcla de confianza y humildad, sabiendo que el conocimiento y la experiencia son valiosos, pero también que siempre hay más por aprender.

El "Trader Sabio" está impulsado por la búsqueda del aprendizaje continuo. Entiende que el mercado es dinámico y siempre está evolucionando. Por lo tanto, siempre está dispuesto a mejorar sus habilidades, estudiar nuevas estrategias y asimilar información valiosa. Aprender de los éxitos y, igualmente importante, de los fracasos, es parte del viaje del "Trader Sabio".

La paciencia es una de las virtudes del "Trader Sabio". Sabe que los resultados no suceden de la noche a la mañana y que cada decisión debe tomarse con cuidado y ponderación. Esta paciencia no solo evita decisiones impulsivas, sino que también ayuda a mantener la mente clara y objetiva, independientemente de las fluctuaciones del mercado. El "Trader Sabio" entiende que el verdadero éxito está arraigado en la consistencia a lo largo del tiempo.

Además, la mentalidad del "Trader Sabio" incluye un enfoque realista hacia el riesgo y las pérdidas. No se deja llevar por el miedo o la codicia, reconociendo que cada operación conlleva un cierto grado de incertidumbre. Al establecer metas realistas y límites de pérdida, el "Trader Sabio" protege su capital y mantiene una visión a largo plazo. Entiende que una serie de pérdidas no define su valor como trader, pero es la respuesta a esas pérdidas lo que moldea su carácter y su camino hacia el éxito.

EJERCICIO PRÁCTICO: PLAN DE GESTIÓN DEL RIESGO EMOCIONAL

Uno de los pasos más cruciales para el éxito en el trading es la creación de un plan de gestión del riesgo emocional bien definido. Este ejercicio práctico te guiará en la construcción de un plan personalizado que no solo protegerá tu capital, sino que también ayudará a mantener tus emociones bajo control durante los altibajos del mercado.

Paso 1: Establece Límites De Pérdida Y Exposición

El primer paso consiste en definir límites claros de pérdida y exposición. Determina un porcentaje de tu capital que estés dispuesto a arriesgar en cada operación. Esto no solo limita el impacto de las pérdidas individuales, sino que también evita que las emociones negativas influyan en tu toma de decisiones. Además, establece un límite absoluto de pérdida diaria o semanal para evitar posibles pérdidas catastróficas.

Paso 2: Define Criterios Para Ajustes

Al crear tu plan de gestión del riesgo emocional, identifica criterios específicos que te guiarán al ajustar tus posiciones. Por ejemplo, si una posición va en tu contra, determina en qué punto ajustarás el tamaño de la posición o cerrarás la operación. Esto ayuda a evitar decisiones impulsivas basadas en emociones momentáneas, manteniéndote fiel a tu estrategia predefinida.

Paso 3: Desarrolla Técnicas De Control Emocional

El siguiente paso implica la incorporación de técnicas

de control emocional en tu plan. Enumera prácticas que te ayuden a mantener la calma y la claridad mental durante el trading. Esto puede incluir técnicas de respiración consciente, meditación o visualización positiva. Contar con un conjunto de herramientas a tu disposición puede ayudar a reducir la influencia de las emociones intensas, permitiéndote tomar decisiones más racionales e informadas.

Paso 4: Revisa Y Ajusta Regularmente

Un plan de gestión del riesgo emocional no es estático; debe ser revisado y ajustado regularmente. A medida que ganes más experiencia en el trading y te enfrentes a diferentes situaciones de mercado, puede ser necesario modificar tus límites de pérdida, criterios de ajuste y técnicas de control emocional. La adaptación continua del plan garantizará que siga siendo efectivo y relevante con el tiempo.

△△△

Al concluir este ejercicio práctico y desarrollar un plan de gestión del riesgo emocional personalizado, estarás equipado con una herramienta poderosa para enfrentar los desafíos del trading. Este plan no solo ayuda a preservar tu capital, sino que también construye una mentalidad más estable y segura, permitiéndote tomar decisiones más informadas y disciplinadas durante tu trayectoria en el mercado financiero.

DISCIPLINA Y CONSISTENCIA

La disciplina y la consistencia son pilares esenciales para el éxito en el trading. En este capítulo, exploraremos cómo construir y mantener hábitos sólidos que apoyarán tu jornada como trader.

LA IMPORTANCIA DE LA DISCIPLINA:

La disciplina es uno de los pilares fundamentales para alcanzar el éxito en el trading y en cualquier emprendimiento. Es la fuerza motriz que guía a los traders hacia la realización de sus objetivos financieros y el mantenimiento de una mentalidad positiva. La disciplina es el hilo conductor que permite a los traders superar los desafíos emocionales y las fluctuaciones del mercado, manteniéndolos enfocados en su estrategia y planes de acción.

La disciplina en el trading se traduce en seguir rigurosamente tu plan de acción, adherirte a las reglas predefinidas y tomar decisiones racionales, incluso en momentos de alta volatilidad o presión emocional. Actúa como un escudo protector contra impulsos irracionales y comportamientos que pueden llevar a pérdidas financieras. Cuando un trader mantiene la disciplina, está comprometido con el proceso de negociación y no se deja llevar por reacciones impulsivas o resultados momentáneos.

Una de las razones por las cuales la disciplina es tan crucial en el trading es su capacidad para mitigar las influencias de las emociones. Los mercados financieros son notoriamente volátiles y pueden llevar a fluctuaciones extremas en los precios y tendencias. En tales momentos, la disciplina es el fundamento sobre el cual un trader puede confiar para tomar decisiones informadas y basadas en la lógica. Por el contrario, la falta de disciplina puede resultar en comportamientos impulsivos, llevando a errores de juicio y pérdidas significativas.

CONSTRUYENDO HÁBITOS DE ÉXITO:

En el mundo del trading, la construcción de hábitos de éxito es fundamental para lograr resultados consistentes y duraderos. La disciplina y la consistencia necesarias para enfrentar los altibajos del mercado no son solo rasgos innatos, sino que también pueden cultivarse como hábitos diarios. El camino para convertirse en un trader exitoso comienza con la comprensión de la importancia de estos hábitos y la implementación gradual de prácticas que los fortalezcan.

Para construir hábitos de éxito, es esencial comenzar pequeño y establecer metas alcanzables. Establecer metas diarias o semanales que estén alineadas con tu plan de trading te permitirá dar seguimiento a tu progreso de manera tangible. Por ejemplo, comprometerte a realizar análisis de mercado durante un período específico todos los días o adherirte rigurosamente a tus estrategias de entrada y salida puede ser un buen punto de partida. Al alcanzar estas metas de manera consistente, estarás construyendo un fundamento sólido para el éxito a largo plazo.

LA MENTALIDAD DEL PROCESO:

La Mentalidad del Proceso es un concepto crucial para los traders que desean desarrollar disciplina y consistencia en sus prácticas. En lugar de concentrarse exclusivamente en los resultados inmediatos de cada operación, la Mentalidad del Proceso dirige el enfoque hacia los pasos y acciones que componen el camino hacia el éxito. Este enfoque brinda una perspectiva más equilibrada, reduciendo la intensa presión y ansiedad asociadas con la búsqueda de ganancias instantáneas.

Al adoptar la Mentalidad del Proceso, el trader comprende que cada operación es parte de un conjunto más amplio de decisiones y estrategias. En lugar de dejarse consumir por el éxito o fracaso de una sola operación, el trader se concentra en las prácticas que lo llevaron hasta ese momento. Esto promueve una actitud más realista y pragmática, donde la evolución y el aprendizaje continuo se valoran por encima de los resultados puntuales.

Dentro de la Mentalidad del Proceso, cada operación se convierte en una oportunidad de aprendizaje y crecimiento. El trader analiza sus acciones, evalúa la ejecución de su estrategia e identifica puntos fuertes y débiles. De esta manera, el enfoque no está solo en la ganancia inmediata, sino en la mejora continua y la adquisición de perspectivas que moldearán decisiones futuras. Este enfoque fomenta la reflexión y el análisis objetivo, permitiendo que el trader ajuste sus estrategias en base a información concreta.

Para implementar la Mentalidad del Proceso, es útil establecer prácticas regulares de revisión y autoanálisis. Esto puede implicar la creación de un diario de trading, donde cada operación se documenta junto con los sentimientos, pensamientos y decisiones que la acompañaron. Al revisar estas notas, el trader gana una visión más clara de sus patrones de comportamiento y puede identificar áreas para mejorar. La Mentalidad del Proceso no solo fortalece la disciplina y la consistencia, sino que también fomenta un enfoque saludable y sostenible hacia el éxito en el mercado financiero.

RITUAL MATUTINO

El ritual matutino es una práctica poderosa que puede establecer el tono para un día de trading exitoso. Es una manera de preparar tu mente, cuerpo y emociones para enfrentar los desafíos del mercado financiero de manera disciplinada y enfocada. Comenzar el día con un ritual cuidadosamente planeado puede tener un impacto profundo en tu mentalidad y rendimiento a lo largo de las horas de negociación.

El ritual matutino no es solo un conjunto de actividades aleatorias, sino más bien un proceso estructurado e intencional. Comienza con un momento de tranquilidad, ya sea a través de la meditación, respiración profunda o prácticas de atención plena. Este período inicial de contemplación te permite sintonizarte con tu mente y emociones, cultivando la claridad mental necesaria para tomar decisiones informadas y conscientes durante el trading.

Luego, concéntrate en la visualización. Dedica tiempo a imaginar tus objetivos de trading siendo alcanzados. Visualízate tomando decisiones confiadas, siguiendo tu plan de trading y logrando el éxito. Esta práctica no solo refuerza la mentalidad positiva, sino que también crea una conexión emocional con tus metas, motivándote a actuar de acuerdo con ellas a lo largo del día.

El ritual matutino también es una oportunidad para revisar tu plan de trading. Analiza tus estrategias, metas y reglas antes de comenzar a operar. Esto ayuda a definir tu intención para el día y a mantener un enfoque claro en tus acciones. Al reafirmar tus objetivos y estrategias por la mañana, estás construyendo una base sólida para la disciplina y la consistencia que serán necesarias durante las sesiones de trading.

AUTODISCIPLINA COMO RECURSO RENOVABLE

La autodisciplina es uno de los pilares fundamentales para alcanzar el éxito en el trading, pero es importante reconocer que no es un recurso infinito. Al igual que un músculo, la autodisciplina puede agotarse a lo largo del día a medida que enfrentamos una variedad de decisiones y desafíos. Por lo tanto, aprender a gestionar y renovar esta valiosa herramienta se vuelve crucial para mantener una mentalidad exitosa en el mercado financiero.

Imagina la autodisciplina como una reserva de energía que necesita ser administrada de manera sabia. Comienza el día con una asignación consciente de este recurso, reservándolo para las tareas más importantes y decisivas. De esta manera, podrás concentrar tu autodisciplina en los momentos en que más se necesite, como seguir tu plan de trading, mantener la calma durante movimientos volátiles del mercado y evitar impulsos emocionales.

Para maximizar el uso de la autodisciplina, es esencial identificar los momentos en que tiende a ser más fuerte y los momentos en que es más propensa a disminuir. A menudo, la autodisciplina es más abundante en las primeras horas del día, cuando nuestras mentes están frescas y renovadas. Por lo tanto, considera concentrar las tareas más desafiantes y críticas durante esas horas. Además, reconoce los disparadores que pueden agotar tu autodisciplina, como la fatiga, el estrés o las distracciones, y toma medidas para minimizarlos siempre que sea posible.

Un enfoque efectivo para la autodisciplina como recurso renovable implica la automatización de decisiones rutinarias. Al crear un conjunto consistente de reglas y estrategias, reduces la necesidad de tomar decisiones constantes, liberando así la autodisciplina para los momentos cruciales. Esto también ayuda a evitar la llamada "fatiga de decisión", en la que la calidad de tus elecciones disminuye a medida que tomas más decisiones a lo largo del día.

LIDIANDO CON DESAFÍOS

Lidiar con desafíos es una habilidad crucial en el mundo del trading, donde la incertidumbre y la volatilidad son constantes. Al enfrentar momentos de adversidad, es fundamental adoptar un enfoque estratégico. La identificación de los disparadores emocionales que pueden llevar a decisiones impulsivas es el primer paso. Reconocer cuándo sentimientos como el miedo, la codicia o la frustración comienzan a influir en tus acciones te permitirá interrumpir esos patrones antes de que afecten negativamente tu rendimiento.

Una vez que hayas identificado estos disparadores, es hora de desarrollar estrategias de control. Establece un plan de acción claro para cada situación desafiante. Esto puede implicar la práctica de técnicas de relajación, la revisión de tu plan de trading o incluso un breve alejamiento de la pantalla para recuperar la claridad mental. Tener un conjunto de medidas predefinidas ayudará a evitar decisiones basadas en emociones momentáneas, fortaleciendo tu disciplina.

Además, no subestimes el poder del apoyo externo. Compartir tus preocupaciones y desafíos con colegas traders, mentores o profesionales de la salud mental puede ofrecer ideas valiosas y una perspectiva objetiva. El feedback y el asesoramiento de personas que comprenden los altibajos del trading pueden ser fundamentales para superar obstáculos. Lidiar con desafíos de manera constructiva es una parte integral del viaje del trader, permitiéndote crecer tanto personal como profesionalmente en el mercado financiero.

REFORZANDO LA CONSISTENCIA

Reforzar la consistencia en el trading es esencial para convertir la disciplina en un hábito sólido y efectivo. Al mantener registros detallados de tus operaciones y revisar estos registros regularmente, podrás evaluar tu progreso, identificar patrones de comportamiento y tomar decisiones informadas para mejorar tu rendimiento.

Mantener un diario de trading es una estrategia poderosa para reforzar la consistencia. Registra tus acciones en cada trade, incluido el motivo para entrar y salir, las emociones que estabas sintiendo y los resultados obtenidos. Al revisar estos registros, podrás identificar momentos en los que te desviaste de tu plan de trading o permitiste que las emociones influenciaran tus decisiones. Esto ofrece una oportunidad valiosa de aprendizaje y mejora continua.

Además, realizar análisis periódicos de rendimiento puede ayudar a identificar tendencias a lo largo del tiempo. Al examinar tus resultados a lo largo de semanas o meses, podrás identificar qué estrategias son más efectivas y dónde necesitas ajustar tu plan. La consistencia en tus análisis y revisiones te permitirá tomar decisiones informadas basadas en evidencia concreta, en lugar de reaccionar impulsivamente a las fluctuaciones del mercado.

EL VIAJE HACIA LA AUTOMATIZACIÓN

La automatización emerge como un aliado poderoso en la búsqueda de disciplina y consistencia en el trading. A medida que avanza el viaje de un trader, la automatización se presenta como un paso natural para garantizar la adhesión continua a las reglas predefinidas. La capacidad de programar y ejecutar automáticamente estrategias de trading, bajo la influencia de algoritmos bien desarrollados, proporciona no solo eficiencia, sino también la eliminación de influencias emocionales.

Los beneficios de la automatización van más allá de la simple ejecución de órdenes. Permite el análisis sistemático de los mercados, el monitoreo constante de las condiciones de trading y la adaptación rápida a variaciones imprevistas. La automatización también ayuda a reducir la interferencia emocional, permitiendo que el trader se aleje del monitoreo constante y las fluctuaciones del mercado, lo que puede llevar a decisiones impulsivas y perjudiciales.

Sin embargo, el viaje hacia la automatización no debe tomarse a la ligera. La implementación exitosa requiere una comprensión profunda de las estrategias de trading, programación y pruebas rigurosas. El trader debe colaborar con profesionales experimentados en programación y desarrollo de algoritmos para crear sistemas confiables y efectivos. La automatización no es un sustituto del conocimiento y el análisis humano, sino una herramienta para mejorar la disciplina, minimizar la interferencia emocional y lograr resultados más consistentes a lo largo del tiempo.

CONTROLANDO LA IMPULSIVIDAD

En el mundo del trading, la impulsividad puede ser una de las mayores enemigas del trader. La presión constante para tomar decisiones rápidas y la búsqueda del éxito inmediato a menudo conducen a elecciones impulsivas que pueden perjudicar los resultados a largo plazo. En este capítulo, exploraremos en profundidad cómo la impulsividad afecta las decisiones de trading y discutiremos estrategias efectivas para controlarla.

LA NATURALEZA DE LA IMPULSIVIDAD EN EL TRADING

La impulsividad a menudo surge de una respuesta emocional intensa al mercado. Las oscilaciones de los precios, las noticias del mercado y las fluctuaciones repentinas pueden provocar reacciones emocionales intensas, llevando a decisiones basadas en sentimientos momentáneos. Este comportamiento impulsivo puede resultar en trades mal planificados, altos niveles de estrés y, en última instancia, pérdidas financieras.

Estrategias Para Controlar La Impulsividad

Establezca Reglas Claras: Defina reglas específicas para entrar y salir de trades. Tener un plan claro reducirá la tentación de actuar impulsivamente basándose en emociones momentáneas.

Utilice Órdenes Stop-Loss y Take-Profit: Configurar órdenes stop-loss y take-profit antes de entrar en un trade ayuda a automatizar la salida del mercado, limitando las decisiones tomadas en el calor del momento.

Practique la Pausa: Antes de ejecutar un trade, tome una pausa corta para evaluar su decisión racionalmente. Pregúntese si su elección está fundamentada en análisis o emociones.

Registre Sus Decisiones: Mantener un diario de trading puede ayudar a identificar patrones de impulsividad. Anote el razonamiento detrás de cada trade y revíselos para aprender de sus errores.

Utilice Indicadores Técnicos: Utilice indicadores técnicos para respaldar sus decisiones. Esto proporciona un enfoque más objetivo y ayuda a evitar decisiones impulsivas basadas solo en intuición.

Visualice Antes de Actuar: Antes de ejecutar un trade, visualice mentalmente el escenario, evaluando los riesgos y posibles resultados. Esta práctica ayuda a crear una mentalidad más cautelosa.

ENFOQUE Y CONCENTRACIÓN

El trading es una actividad que requiere extrema atención y enfoque. En el calor del mercado, decisiones rápidas y precisas pueden marcar la diferencia entre una ganancia sustancial y una pérdida significativa. En este contexto, la habilidad de mantener la mente afilada y concentrada es una de las claves para el éxito.

La concentración es la capacidad de dirigir todo nuestro enfoque y atención a la tarea que estamos realizando. En el contexto del trading, esto significa mantener los ojos fijos en la información relevante, analizar datos y patrones, y tomar decisiones informadas en tiempo real. Sin embargo, en un mundo lleno de distracciones constantes, la concentración puede ser un desafío.

LOS DESAFÍOS DE LA CONCENTRACIÓN EN EL TRADING

En el mundo acelerado del trading, donde segundos pueden marcar la diferencia entre ganancias sustanciales y pérdidas significativas, la concentración se convierte en una habilidad crucial. Sin embargo, enfrentar los desafíos de la concentración durante las sesiones de negociación es una tarea compleja y muchas veces espinosa. La era digital ha traído consigo una avalancha incesante de distracciones, desde notificaciones de dispositivos electrónicos hasta el flujo constante de información en las redes sociales. La tentación de dividir la atención entre múltiples pantallas y actividades es una trampa común que puede socavar la toma de decisiones informadas.

Además, la naturaleza volátil de los mercados financieros puede generar emociones intensas, como ansiedad y excitación. Estos estados emocionales pueden abrumar la mente del trader y perjudicar la capacidad de mantener un enfoque claro y constante. La presión para actuar rápidamente puede resultar en impulsividad, llevando a decisiones precipitadas y, a veces, perjudiciales. Lidiar con la incertidumbre y la imprevisibilidad del mercado puede crear un escenario propicio para distracciones mentales, afectando la capacidad de concentrarse en la información relevante.

Una serie de estudios científicos también ha destacado los desafíos de la concentración en el entorno de trading. La sobrecarga cognitiva, causada por el procesamiento excesivo de información, puede resultar en una fatiga mental que perjudica la calidad de las decisiones. Además, la tendencia humana a buscar atajos mentales, conocida como "sesgo cognitivo", puede influir negativamente en las elecciones de los traders, desviándolos del análisis preciso y riguroso. Por lo tanto, enfrentar estos desafíos requiere no solo técnicas prácticas de gestión de distracciones, sino también una comprensión profunda de las sutilezas emocionales y cognitivas inherentes al entorno de trading.

Técnicas Para Mejorar La Concentración En El Trading

Ambiente de Trabajo Aislado: Crea un espacio de trabajo libre de distracciones. Mantén dispositivos electrónicos no esenciales fuera del alcance y evita el exceso de estímulos visuales.

Establece Metas Claras: Antes de iniciar tu sesión de trading, establece metas claras para lo que deseas lograr. Esto ayudará a mantener tu enfoque en las tareas relevantes.

Utiliza Técnicas de Mindfulness: La práctica de mindfulness implica estar plenamente presente en el momento actual. A través de la meditación y técnicas de respiración, puedes entrenar tu mente para volver tu atención a lo esencial.

Pausas Estratégicas: Quedarse pegado a las pantallas durante largos períodos puede cansar tu mente y perjudicar la concentración. Programa pausas estratégicas para estirarte, moverte y desviar la mente por un momento.

Gestión del Tiempo: Establece bloques de tiempo dedicados exclusivamente al trading. Esto ayuda a evitar la multitarea que perjudica la concentración.

Prioriza la Información: En el mundo del trading, no toda la información es igualmente relevante. Concéntrate en las variables que tienen un impacto real en tus decisiones.

Entrenamiento Mental: Así como entrenamos nuestros músculos físicos, podemos entrenar nuestra mente. Prácticas como rompecabezas, juegos de memoria y actividades que requieren enfoque pueden ayudar a fortalecer la capacidad de concentración.

△△△

El trading es un campo que pone a prueba no solo tus habilidades analíticas, sino también tu capacidad de mantener la mente enfocada y concentrada. En un mundo cada vez más lleno de distracciones, dominar el arte de la concentración es esencial para tomar decisiones informadas y alcanzar el éxito en el mercado financiero. Al adoptar técnicas que mejoren tu concentración y cultivar una mentalidad disciplinada, estarás en el camino correcto hacia un viaje de trading más lucrativo y consciente.

AUTOCONFIANZA Y AUTOESTIMA

La confianza en uno mismo y la autoestima juegan un papel fundamental en el éxito de un trader. Son las fuerzas impulsoras detrás de las decisiones, acciones y la capacidad para enfrentar desafíos en el mercado financiero. En este capítulo, exploraremos la importancia de estos atributos y ofreceremos estrategias prácticas para cultivar una mentalidad ganadora.

LA BASE DE LA CONFIANZA EN UNO MISMO Y LA AUTOESTIMA

La confianza en uno mismo es la creencia en tus habilidades y en tu capacidad para realizar tareas. Se construye con el tiempo, a medida que acumulamos conocimiento, experiencia y éxito. La autoestima, por su parte, es la evaluación general que hacemos de nosotros mismos, influyendo en nuestra percepción de nuestro valor y nuestra capacidad para enfrentar los desafíos de la vida.

En un contexto de trading, la confianza en uno mismo implica creer en tus habilidades analíticas, en tu capacidad para tomar decisiones informadas y en tu control sobre las emociones durante las operaciones. La autoestima, por otro lado, influye en cómo manejas las pérdidas y derrotas, impactando tu resiliencia y disposición para seguir buscando oportunidades.

CULTIVANDO LA CONFIANZA EN UNO MISMO Y LA AUTOESTIMA

Autoconocimiento: El primer paso para construir confianza en uno mismo y autoestima es conocerte a ti mismo. Identifica tus fortalezas, debilidades y áreas de mejora. Esto te permitirá centrarte en el desarrollo personal y fortalecer las áreas que necesitan atención.

Celebra Pequeñas Victorias: A lo largo de tu viaje en el trading, celebra cada victoria, por pequeña que sea. Esto ayudará a construir un historial positivo y a reforzar tu confianza en tus habilidades.

Mantén un Diario de Éxito: Registra tus logros, operaciones exitosas y momentos en los que superaste desafíos. Al revisar estos momentos positivos, fortalecerás tu autoestima y recordarás tus capacidades.

Visualización Positiva: Practica visualizarte alcanzando éxito en el trading. Visualizar tus metas siendo realizadas contribuye a aumentar la confianza en uno mismo y fortalecer la creencia en tus habilidades.

Aprende de los Errores: Las pérdidas son inevitables en el trading, pero es importante verlas como oportunidades de aprendizaje. Analiza tus operaciones fallidas, identifica los errores y determina cómo mejorar en el futuro.

Acepta Elogios y Retroalimentación: A menudo, minimizamos los elogios y nos enfocamos en las críticas. Aprende a aceptar elogios y retroalimentación constructiva, reconociendo tu progreso y abriendo espacio para el crecimiento.

Manejando La Autosabotaje

La autosabotaje es un obstáculo común para la confianza en uno mismo y la autoestima. Puede manifestarse a través de pensamientos negativos, autocrítica excesiva o autorrecriminación. Para combatir la autosabotaje:

Practica la Autocompasión: Trátate con amabilidad y compasión, como lo harías con un amigo que está pasando por un momento difícil.

Desafía los Pensamientos Negativos: Identifica los pensamientos negativos y reemplázalos con afirmaciones positivas y realistas.

Aprende de los Errores: En lugar de culparte por errores, míralos como oportunidades de crecimiento y aprendizaje.

△△△

Cultivar una mentalidad ganadora en el trading requiere un trabajo constante en la construcción de confianza en uno mismo y autoestima. Al aplicar las estrategias discutidas en este capítulo, estarás preparado para enfrentar los desafíos del mercado con una actitud positiva y resiliente. Recuerda que la confianza en uno mismo no es un estado permanente, sino una habilidad que se puede desarrollar con el tiempo. Al creer en ti mismo y en tus habilidades, estarás en el camino correcto para alcanzar el éxito en el mundo del trading.

APRENDIZAJE CONTINUO

En el universo del trading, prevalece una verdad innegable: el mercado es dinámico y está en constante evolución. Los escenarios económicos cambian, las tendencias se alteran y nuevas variables surgen, creando un ambiente fluido e impredecible. En este contexto, la capacidad de adaptación es un activo crucial para cualquier trader, y el aprendizaje continuo es la clave para enfrentar estos cambios de manera exitosa.

LA EVOLUCIÓN DE LOS MERCADOS

La evolución de los mercados financieros es un fenómeno innegable y constante, moldeado por una intrincada red de influencias económicas, políticas y tecnológicas. A medida que la globalización avanza y las interconexiones entre las naciones se fortalecen, los mercados se vuelven verdaderamente globales, reaccionando a eventos y desarrollos de manera casi instantánea. Esta dinámica volátil exige una perspicacia constante por parte de los traders, ya que los cambios en las políticas gubernamentales, las fluctuaciones cambiarias y las tendencias macroeconómicas pueden impactar profundamente las oportunidades de negociación.

Las oscilaciones en los mercados no se limitan solo a aspectos económicos; factores sociales y tecnológicos también juegan un papel fundamental. Los avances tecnológicos, como el surgimiento de las criptomonedas y la automatización del trading, están transformando rápidamente el panorama financiero. Además, eventos geopolíticos y crisis globales pueden crear ondas de choque que repercuten en todos los rincones del mercado, creando un ambiente de incertidumbre que requiere habilidades de adaptación ágil e inteligente.

En este contexto de cambio constante, el trader que busca el éxito debe ser un alumno continuo, listo para comprender e interpretar las sutilezas de la evolución de los mercados. Aquellos que pueden anticipar las tendencias emergentes, identificar patrones ocultos y ajustarse rápidamente a los cambios tienen una ventaja competitiva innegable. La evolución de los mercados es un llamado a la flexibilidad, la curiosidad y la búsqueda implacable de conocimiento, todos los cuales son pilares esenciales para enfrentar los desafíos en constante mutación que presenta el mundo del trading.

HERRAMIENTAS Y RECURSOS

Las herramientas y recursos son pilares fundamentales en el arsenal de un trader adaptable y exitoso. En un mundo donde la información fluye rápidamente y las condiciones del mercado pueden cambiar en un abrir y cerrar de ojos, el uso inteligente de estos recursos puede marcar la diferencia. Las plataformas de análisis técnico proporcionan ideas profundas sobre patrones de precios y tendencias, mientras que los softwares de trading algorítmico permiten la automatización de estrategias complejas. Además, el acceso a noticias en tiempo real y análisis especializados permite que el trader se mantenga actualizado y tome decisiones informadas.

Sin embargo, es crucial ejercer discernimiento al explorar estas herramientas. El exceso de información puede llevar a la parálisis del análisis, dificultando la toma de decisiones. La habilidad para filtrar datos relevantes y aplicar análisis críticos es lo que distingue a un trader hábil. Las comunidades en línea y los foros de discusión también juegan un papel vital en el intercambio de experiencias y de ideas. A través de la interacción con otros traders, es posible aprender nuevas estrategias, evitar trampas comunes y obtener perspectivas únicas sobre las tendencias del mercado.

ADAPTANDO ESTRATEGIAS

Así como un navegante ajusta la ruta en función de las condiciones climáticas, un trader debe adaptar sus estrategias conforme el mercado evoluciona. Un enfoque rígido puede ser perjudicial, ya que las mismas estrategias pueden no funcionar en todos los contextos. Por ejemplo, una estrategia orientada a mercados de tendencia puede no ser efectiva en mercados laterales. Es fundamental comprender los fundamentos de diferentes estrategias y ser capaz de aplicarlas conforme sea apropiado.

> La destreza está en reconocer cuándo una estrategia necesita ser modificada y ser capaz de elegir el enfoque más adecuado para maximizar oportunidades y minimizar riesgos.

Esto requiere un equilibrio entre flexibilidad y consistencia, donde el trader mantiene una mente abierta para los cambios, pero también valora la experiencia acumulada. En última instancia, la capacidad de adaptar estrategias permite al trader no solo sobrevivir, sino prosperar en un ambiente de mercado en constante transformación.

GESTIÓN DEL ESTRÉS

El manejo del estrés es uno de los pilares fundamentales para el éxito en el mundo del trading. Cuando se trata de mercados financieros volátiles y decisiones que pueden afectar su patrimonio, la capacidad de mantener la calma y tomar decisiones racionales es de extrema importancia. En este capítulo, exploraremos estrategias efectivas para lidiar con el estrés y mantener el equilibrio emocional durante las situaciones más intensas del trading.

ENTENDIENDO EL ESTRÉS EN EL TRADING:

Es inevitable que el trading involucre momentos de tensión y presión. Las fluctuaciones en los precios, los cambios en las condiciones del mercado y las decisiones rápidas pueden contribuir a sentimientos de ansiedad y estrés. Reconocer que el estrés es parte del viaje del trader es el primer paso para manejarlo de manera efectiva.

El estrés en el trading es la respuesta emocional y física que experimentan los traders ante las presiones e incertidumbres del mercado financiero. Se refiere a la tensión psicológica causada por la necesidad de tomar decisiones rápidas y precisas, lidiar con fluctuaciones de precios y enfrentar la posibilidad de ganancias o pérdidas significativas en un corto período de tiempo. El estrés en el trading puede afectar la claridad mental, la toma de decisiones y la ejecución de las estrategias planificadas, impactando así en el rendimiento y los resultados de las operaciones.

IMPACTO DEL ESTRÉS EN LAS DECISIONES:

El impacto del estrés en las decisiones de trading es un campo de estudio ampliamente explorado por investigadores en el área de la psicología y finanzas conductuales. Varios estudios científicos han demostrado cómo el estrés puede influir negativamente en el proceso de toma de decisiones, especialmente en situaciones de alto riesgo y presión. Estos hallazgos tienen importantes implicaciones para los traders que desean tomar decisiones más informadas y racionales.

Un estudio realizado por Lovallo y Kahneman (2003) examinó cómo el estrés afecta las decisiones financieras. Descubrieron que, bajo estrés, las personas tienden a ser más propensas a elegir opciones de menor riesgo, incluso si esto puede llevar a retornos financieros más bajos a largo plazo. Este fenómeno, conocido como "aversión al riesgo bajo estrés", puede impactar directamente a los traders, llevándolos a evitar operaciones más arriesgadas, aunque estas tengan un potencial de beneficio más significativo.

Otro estudio notable fue realizado por Starcke y Brand (2012), quienes investigaron cómo el estrés afecta el autocontrol y la impulsividad en las decisiones. Descubrieron que el estrés puede llevar a una disminución del autocontrol y a un aumento en la toma de decisiones impulsivas. Para los traders, esto puede traducirse en operaciones precipitadas e imprudentes, que a menudo están influenciadas por emociones momentáneas, en lugar de análisis fundamentales.

CULTIVANDO RESILIENCIA:

Cultivar resiliencia es una habilidad esencial para que los traders enfrenten las adversidades inherentes al mundo del mercado financiero. La resiliencia permite que los traders se recuperen rápidamente ante desafíos y pérdidas, manteniendo un equilibrio emocional fundamental para tomar decisiones efectivas. Al desarrollar la capacidad de adaptarse a los cambios del mercado y aprender de las experiencias, los traders pueden fortalecerse, convirtiendo las dificultades en oportunidades de crecimiento.

La resiliencia no solo ayuda a los traders a lidiar con situaciones estresantes, sino que también los capacita para mantener el enfoque y la perseverancia frente a obstáculos. Al mantener una mentalidad flexible y positiva, los traders pueden enfrentar los altibajos del mercado con confianza, evitando que el estrés y las presiones impacten negativamente en sus decisiones. Cultivar resiliencia es una inversión en el éxito a largo plazo, permitiendo que los traders enfrenten los desafíos con determinación y se recuperen rápidamente para seguir buscando oportunidades lucrativas.

A través de la resiliencia, los traders pueden convertir los momentos de dificultad en valiosas lecciones. Al abrazar las lecciones que las pérdidas pueden ofrecer, los traders pueden ajustar sus estrategias, mejorar sus habilidades y volverse más adaptables a escenarios en constante cambio. Cultivar resiliencia no se trata solo de superar desafíos inmediatos, sino también de desarrollar la capacidad de enfrentar futuros obstáculos con confianza, manteniéndose firmes en su camino hacia el éxito en el trading.

"La resiliencia es la capacidad de mantenerse firme, incluso cuando el mercado nos presenta desafíos inesperados. Aprender de las derrotas y permanecer enfocado en la búsqueda del conocimiento y la excelencia es lo que diferencia a los traders exitosos de los demás." - Paul Tudor Jones, trader multimillonario y fundador de Tudor Investment Corporation.

BUSCANDO APOYO:

Cuando la presión del mercado financiero se intensifica, es esencial recordar que buscar apoyo no es una señal de debilidad, sino una demostración de sabiduría. El viaje del trader puede ser solitario y desafiante, y compartir preocupaciones con colegas, mentores o profesionales de la salud mental puede proporcionar un alivio significativo. El intercambio de experiencias y el asesoramiento de quienes han recorrido este camino pueden ofrecer ideas valiosas y estrategias prácticas para enfrentar el estrés y las adversidades.

Al buscar apoyo, estás invirtiendo en tu propia resiliencia y éxito a largo plazo. Aceptar la ayuda de otros y reconocer que todos enfrentan momentos difíciles es un paso valiente que no solo alivia la carga emocional, sino que también fortalece tu capacidad para enfrentar los desafíos del trading con mayor confianza y determinación.

MINDFULNESS EN EL TRADING

En un mundo lleno de información instantánea y demandas constantes, la práctica del mindfulness se ha destacado como una herramienta valiosa para aquellos que buscan éxito en el trading. Vivimos en una era donde las distracciones compiten por nuestra atención en cada segundo, lo que puede ser especialmente perjudicial para aquellos que operan en los mercados financieros. En este capítulo, exploraremos cómo la práctica del mindfulness puede ser un aliado poderoso para los traders, permitiéndoles conectarse con el momento presente, tomar decisiones más ponderadas y enfrentar los desafíos del mercado con equilibrio emocional.

EL PODER DEL MOMENTO PRESENTE

Mindfulness, en su esencia, es el arte de estar plenamente presente en el aquí y ahora, sin juicio ni apego. En el contexto del trading, esto significa estar consciente de cada movimiento, cada decisión y cada pensamiento que surge durante una sesión de negociación. Al sintonizarse con el momento presente, los traders experimentan una claridad intensificada que les permite ver cada movimiento del mercado como una oportunidad única. Esta conexión con el presente no solo reduce la impulsividad alimentada por el miedo o la codicia, sino que también permite la toma de decisiones más informadas y reflexivas.

El Poder del Momento Presente trasciende la agitación

constante de la vida moderna y ofrece un refugio tranquilo en el torbellino del trading. Al cultivar esta mentalidad, los traders se liberan de las ataduras de las preocupaciones excesivas y del estrés acumulado. En cambio, se convierten en maestros de su propia conciencia, capaces de discernir con claridad entre las señales reales del mercado y las influencias emocionales fugaces. Este empoderamiento por el momento presente se refleja en la confianza y la sabiduría que emanan de cada decisión y acción en el mundo del trading.

Al internalizar y aplicar el Poder del Momento Presente, los traders no solo mejoran sus habilidades técnicas, sino que también abren camino a un crecimiento personal profundo. La práctica constante de este estado mental conduce a una relación más armoniosa con los mercados y consigo mismos. Como resultado, los traders trascienden la batalla interna entre emociones conflictivas y se convierten en artistas hábiles de la negociación, utilizando el presente como su lienzo para crear un viaje de éxito sostenible e inteligente emocionalmente en el mercado financiero.

CONSTRUYENDO LA HABILIDAD DEL MINDFULNESS

Construir la habilidad del mindfulness requiere compromiso y práctica constante. Así como un trader perfecciona su técnica a través de la repetición, el mismo enfoque se aplica al desarrollo del mindfulness. Reserve un momento dedicado todos los días para cultivar esta práctica. Elija un ambiente tranquilo donde pueda sentarse cómodamente y enfocar su atención en la respiración. A medida que inhala y exhala, esté atento a los movimientos del cuerpo y a las sensaciones que surgen. A medida que los pensamientos fluyen, obsérvelos sin juicio, permitiendo que pasen como nubes en el cielo de la mente.

Con el tiempo, esta práctica le permitirá refinar su capacidad de concentración y presencia. A medida que fortalece su "músculo" del mindfulness, comenzará a notar que sus beneficios se extienden más allá de las sesiones de meditación. Durante sus actividades diarias, se encontrará más capaz de permanecer consciente y alerta, incluso en situaciones de estrés. Al construir la habilidad del mindfulness, estará cultivando una herramienta valiosa para enfrentar los desafíos del trading y alcanzar una mentalidad más equilibrada y centrada.

TOMANDO DECISIONES DELIBERADAS

Tomar decisiones deliberadas es una habilidad fundamental para cualquier trader que busque éxito consistente en los mercados financieros. Al cultivar esta capacidad, adquiere la destreza para evaluar la información disponible, sopesar los riesgos y recompensas cuidadosamente, y elegir finalmente la acción más apropiada. Este enfoque implica un proceso de reflexión consciente, en el que cada decisión se pondera y basa en análisis sólidos, en lugar de reacciones impulsivas moldeadas por emociones momentáneas.

La práctica de tomar decisiones deliberadas está intrínsecamente vinculada al desarrollo de la autoconciencia y el autocontrol. Al ser consciente de sus propios patrones de pensamiento y reacciones emocionales, se capacita para alejarse de las trampas del comportamiento impulsivo. Este nivel de discernimiento es crucial para evitar la influencia de factores externos que pueden oscurecer la objetividad de sus elecciones, permitiendo así un enfoque más lógico y estratégico en el trading.

APLICANDO EL MINDFULNESS EN LAS NEGOCIACIONES

Aplicar el mindfulness en las negociaciones es un paso

fundamental para cultivar un enfoque equilibrado y consciente en el mundo del trading. Antes de entrar en una negociación, reserve un momento para conectarse profundamente con su respiración y tranquilizar la mente. Al hacerlo, establece un fundamento de conciencia en el momento presente, permitiéndole observar los pensamientos y emociones que puedan surgir antes de tomar decisiones cruciales.

Durante la negociación, mantenga una atención plena a sus movimientos y sentimientos internos. Esté consciente de las fluctuaciones del mercado, pero también de cómo su cuerpo reacciona a estos cambios. El mindfulness le permite reconocer las reacciones automáticas, como la aceleración del corazón o la tensión muscular, sin dejarse llevar por ellas. Al cultivar esta autoconciencia, puede evitar impulsos basados en emociones y tomar decisiones más informadas y equilibradas.

Además, practique observar sus pensamientos sin juicio mientras negocia. Al convertirse en un observador imparcial de su mente, evita involucrarse demasiado en pensamientos ansiosos o expectativas excesivas. Esto promueve una mentalidad más resiliente, permitiéndole adaptarse a los cambios del mercado con una postura serena. Al aplicar el mindfulness en sus negociaciones, estará construyendo un fundamento sólido para un enfoque más consciente y exitoso en el complejo mundo del trading.

EVALUACIÓN POST-TRADE

Evaluar cada operación después de su finalización es una práctica fundamental para el desarrollo de un trader exitoso. La evaluación post-trade no solo te permite comprender mejor tus decisiones y resultados, sino que también ofrece información valiosa para mejorar tus estrategias y perfeccionar tu habilidad para operar.

LA IMPORTANCIA DE LA EVALUACIÓN POST-TRADE

Cada operación es una oportunidad de aprendizaje. No importa si tuviste éxito o enfrentaste una pérdida, siempre hay algo que aprender. La evaluación post-trade ayuda a identificar patrones en tus decisiones, a comprender cómo tus emociones influenciaron el resultado y a evaluar la eficacia de tus estrategias. Esto te permite ajustar tus enfoques para maximizar las ganancias y minimizar las pérdidas.

PASOS PARA UNA EVALUACIÓN POST-TRADE EFICIENTE

Revisión de las anotaciones pre-trade: Antes de iniciar la evaluación, recuerda tus anotaciones pre-trade. Esto ayudará a comparar tus expectativas con los resultados reales y a comprender las razones detrás de cada decisión.

Análisis de los factores de influencia: Enumera los factores que influenciaron tu decisión, como análisis técnicos, fundamentales y emocionales. Evalúa cómo cada factor contribuyó al resultado.

Identificación de errores y aciertos: Identifica dónde acertaste y dónde puedes haber cometido errores. Analiza cómo tus decisiones podrían haber sido mejoradas.

Emociones durante la operación: Evalúa tus emociones durante la operación. ¿Te dejaste llevar por el miedo, la codicia o la impaciencia? Entender tus emociones ayuda a tomar decisiones más equilibradas en el futuro.

Comparación con las reglas de trading: Compara tus acciones con tus reglas de trading. ¿Seguiste tu plan o te desviaste de él? Identifica las discrepancias y considera cómo puedes seguir tus reglas más rígidamente.

TRANSFORMAR LOS RESULTADOS EN APRENDIZAJE

Celebrar los aciertos y analizarlos: Cuando obtengas éxito, celebra, pero también analiza por qué salió bien. ¿Fue una decisión fundamentada o una casualidad? Comprender el éxito es tan importante como entender los errores.

Aprendizaje con las pérdidas: Las pérdidas son inevitables en el trading. Al enfrentarlas, no te desanimes, busca aprender.

Pregúntate si podrías haber evitado la pérdida con un análisis más cuidadoso.

Ajustes estratégicos: Con base en la evaluación, ajusta tus estrategias. Identifica áreas que necesitan mejorar e implementa cambios para abordar las debilidades.

Mantén un diario de evaluación: Mantén un diario de evaluación post-trade. Registra tus observaciones, aprendizajes y planes de acción. Esto ayuda a seguir tu progreso y evitar repetir los mismos errores.

EL PAPEL DE LA PSICOLOGÍA EN LA EVALUACIÓN POST-TRADE

El papel de la psicología en la evaluación post-trade es fundamental para comprender el impacto de las emociones y el pensamiento en el proceso de toma de decisiones durante el trading. Al analizar los resultados de una operación, es esencial reconocer no solo los aspectos técnicos, sino también las reacciones emocionales que se produjeron a lo largo del camino. La psicología juega un papel crucial al revelar cómo el miedo, la codicia y otras emociones pueden influenciar las elecciones y, en consecuencia, los resultados.

Examinar la psicología detrás de cada operación permite identificar patrones de comportamiento y trampas emocionales que pueden afectar negativamente el rendimiento. La conciencia de estos factores proporciona una base para ajustar los enfoques futuros y desarrollar estrategias para gestionar de forma más eficaz las reacciones emocionales. Al analizar cómo las emociones impactaron el proceso de decisión, los traders pueden desarrollar la capacidad de tomar decisiones más racionales y fundamentadas, aumentando sus posibilidades de éxito en el mercado.

Además, la psicología ayuda a construir resiliencia emocional, preparando a los traders para lidiar con la volatilidad y las incertidumbres inherentes al trading. A través de la evaluación post-trade enfocada en la psicología, los traders pueden desarrollar estrategias para mantener la calma en situaciones de presión, mitigar el impacto de las pérdidas emocionales y construir una mentalidad más fuerte y disciplinada. En última instancia, la incorporación de la psicología en la evaluación post-trade contribuye a un enfoque más equilibrado y consciente del trading, promoviendo un crecimiento sostenible y consistente a lo largo del tiempo.

MANTENIENDO LA MOTIVACIÓN

La motivación es la llama que nos impulsa a seguir adelante, incluso ante los desafíos más difíciles. En el mundo del trading, donde la incertidumbre y la volatilidad son constantes, mantener la motivación es esencial para alcanzar el éxito a largo plazo. En este capítulo, exploraremos estrategias prácticas para alimentar y nutrir tu motivación, garantizando que mantengas un fuego interior ardiente y determinado.

LA ESENCIA DE LA MOTIVACIÓN

La motivación es la fuerza propulsora que nos impulsa a actuar y perseguir nuestros objetivos, incluso ante las adversidades. Trasciende la mera búsqueda de beneficios financieros, involucrando una conexión profunda con nuestros valores personales y aspiraciones más elevadas. Al establecer metas inspiradoras que resuenan con nuestras pasiones, estamos creando un propósito que alimenta nuestra determinación y nos capacita para enfrentar los desafíos con resiliencia. La esencia de la motivación reside en la habilidad de cultivar una mentalidad enraizada en valores genuinos, transformándola en una fuerza motriz constante en nuestra jornada de éxito en el trading y más allá.

Establecimiento De Metas Inspiradoras

Las metas claras e inspiradoras son como faros que guían nuestro camino. Define objetivos tangibles y medibles para tu trading, pero también incorpora metas que van más allá de los números. Pregúntate: "¿Por qué estoy haciendo esto?" y "¿Qué me motiva realmente?" Al conectar tus metas financieras con valores más profundos, creas un motivo genuino para levantarte cada mañana y enfrentar los desafíos.

RESILIENCIA: EL PILAR DE LA MOTIVACIÓN

La resiliencia es la capacidad de recuperarse rápidamente de contratiempos y adversidades. En el trading, las pérdidas son inevitables, pero tu reacción a ellas es lo que realmente importa. Cultivar resiliencia no significa evitar o ignorar las dificultades, sino desarrollar la habilidad de superarlas con determinación renovada.

Aprendiendo De Las Derrotas

Cada derrota puede contener lecciones valiosas. En lugar de dejarte abatir, analiza las pérdidas para identificar patrones de comportamiento, errores o fallos en la estrategia. Encara las derrotas como oportunidades de crecimiento y mejora, transformándolas en trampolines para el éxito.

Resignificando El Fracaso

Cambiar la forma en que ves el fracaso puede hacer toda la diferencia en tu motivación. Mira las pérdidas como escalones en una escalera hacia el éxito, en lugar de como obstáculos insuperables. Al adoptar una perspectiva más positiva, mantienes la motivación incluso en los momentos más desafiantes.

HÁBITOS SALUDABLES: EL SOPORTE DE LA MOTIVACIÓN

En el mundo acelerado y dinámico del trading, donde la presión y la incertidumbre son constantes, cultivar hábitos saludables juega un papel fundamental en el mantenimiento de una motivación constante y resiliente. Estos hábitos no solo fortalecen tu mente y cuerpo, sino que también proporcionan la base sólida sobre la cual puedes construir una mentalidad ganadora. En este capítulo, exploraremos en detalle la importancia de los hábitos saludables como un soporte esencial para la motivación en el trading.

La Interconexión Entre Cuerpo Y Mente

El antiguo proverbio latino "mens sana in corpore sano" (mente sana en cuerpo sano) resalta la profunda interconexión entre nuestra salud mental y física. En el contexto del trading, esta conexión es particularmente relevante. Los hábitos saludables físicos no solo aumentan tu energía y resistencia, sino que también impactan directamente tu claridad mental, capacidad de toma de decisión y resiliencia emocional.

Nutrición Equilibrada: Combustible Para El Éxito

Una dieta balanceada es la base para un cuerpo saludable y una mente alerta. Alimentos ricos en nutrientes, como frutas, vegetales, proteínas magras y granos integrales, proporcionan la energía necesaria para enfrentar los desafíos del trading. Evitar el exceso de azúcar, alimentos procesados y alimentos ricos en grasas saturadas es esencial para mantener niveles estables de energía y foco.

Ejercicio Regular: Fortaleciendo Cuerpo Y Mente

La práctica consistente de actividad física no solo fortalece los músculos, sino que también libera endorfinas, las hormonas del bienestar. Una rutina de ejercicios aeróbicos, como correr, nadar o andar en bicicleta, ayuda a mejorar la circulación sanguínea y la oxigenación del cerebro, contribuyendo a la claridad mental y la toma de decisiones informadas.

Sueño De Calidad: La Restauración De La Mente

El sueño es esencial para la consolidación de la memoria, la regeneración celular y la regulación del humor. Establecer una rutina de sueño adecuada, con al menos 7-9 horas de descanso por noche, es crucial para mantener la mente aguda y la motivación constante. Evita dispositivos electrónicos antes de dormir y crea un ambiente propicio para el sueño.

NETWORKING Y SOPORTE

En el mundo del trading, muchas veces nos vemos envueltos en una jornada solitaria. Frente a las pantallas de computadora, gráficos y análisis complejos, es fácil perderse en un mar de números y decisiones difíciles. Sin embargo, una de las herramientas más valiosas a nuestro alcance a menudo es subestimada: la comunidad de traders.

Imagínate en un ambiente donde puedes compartir ideas, aprender de las experiencias de otros e incluso recibir apoyo emocional en los momentos de incertidumbre. Esa es la esencia del networking y el soporte dentro del trading: una red de individuos con objetivos similares, que se unen para enfrentar los desafíos del mercado y crecer juntos.

CONSTRUYENDO UNA RED VALIOSA

En el universo del trading, las redes sociales pueden tener un significado totalmente nuevo. Crear una red de contactos dentro de la comunidad de trading puede proporcionar información valiosa y nuevas perspectivas. Participar en foros online, grupos de debate, seminarios y eventos presenciales son excelentes maneras de conectarse con otros traders.

Una red valiosa no se trata solo de obtener consejos de trading. Puede ofrecer apoyo emocional, compartir estrategias, realizar análisis colaborativos y generar oportunidades de asociación. El aprendizaje nunca se detiene en el mundo del trading, y tener una red de personas con las que compartir conocimientos es una herramienta poderosa para su éxito.

APRENDIZAJE CONTINUO A TRAVÉS DE LA COMUNIDAD

Uno de los mayores beneficios del networking y el soporte en la comunidad de trading es la oportunidad de aprendizaje continuo. Cada trader trae consigo una perspectiva única y experiencias personales que pueden enriquecer su propia comprensión del mercado. Compartir casos de éxito, así como fracasos, permite que todos aprendan unos de otros.

Imagine un grupo de traders discutiendo una estrategia específica que fue exitosa para uno de ellos. Al compartir los detalles y la lógica detrás de esa estrategia, otros miembros de la comunidad pueden comprender mejor cómo aplicarla en sus propias operaciones. Además, intercambiar experiencias sobre los momentos en que las cosas no salieron bien puede ofrecer información valiosa sobre qué evitar y cómo adaptarse en situaciones similares.

APOYO EMOCIONAL EN LOS ALTIBAJOS

El mercado financiero es conocido por sus oscilaciones impredecibles y momentos de intenso estrés. En estos momentos, contar con una red de apoyo puede marcar la diferencia. La comunidad de trading ofrece un espacio donde puedes compartir tus preocupaciones, miedos y desafíos con personas que entienden exactamente por lo que estás pasando.

El apoyo emocional es crucial para mantener una mentalidad

saludable durante los altibajos del trading. El simple hecho de saber que no estás solo en tus experiencias puede proporcionar una sensación de alivio y aliento. El intercambio de experiencias y consejos sobre cómo lidiar con el estrés y la presión del mercado puede ser un verdadero triunfo para tu estabilidad mental.

CONSTRUYENDO RELACIONES DURADERAS

Las conexiones que haces en la comunidad de trading pueden evolucionar hacia relaciones duraderas que beneficien tanto tu vida profesional como personal. Participar en eventos presenciales o grupos de estudio puede permitirte conocer personas que comparten tus intereses y objetivos. Estas relaciones pueden traducirse en asociaciones comerciales, colaboraciones en proyectos e incluso amistades sinceras.

Es importante tener en cuenta que el networking y el soporte en la comunidad de trading no se trata solo de recibir, sino también de contribuir. Al compartir tus propias ideas, perspectivas y éxitos, enriqueces la comunidad y creas una cultura de colaboración mutua. Después de todo, cuando todos se ayudan a crecer, todos tienen la oportunidad de alcanzar el éxito.

△△△

El networking y el soporte en la comunidad de trading son una herramienta invaluable que a menudo se subestima. La comunidad ofrece un ambiente donde los traders pueden conectarse, aprender, compartir y crecer juntos. El intercambio de conocimientos, experiencias y apoyo emocional puede marcar una diferencia significativa en su viaje como trader.

Recuerda que, aunque el trading puede ser una actividad individual, no necesitas enfrentar los desafíos solo. Al construir una red valiosa y participar en la comunidad de trading, estarás fortaleciendo tu mentalidad y tus habilidades, lo que puede traducirse en un éxito duradero en los mercados financieros. Por lo tanto, no subestimes el poder del networking y el soporte: son herramientas esenciales para tu éxito en el trading y más allá.

EL IMPACTO DE LAS CREENCIAS LIMITANTES

En el mundo del trading, nuestra mente juega un papel fundamental en nuestras decisiones y resultados. La forma en que nos vemos a nosotros mismos y al mercado puede ser determinante para nuestro éxito o fracaso. En este capítulo, exploraremos la influencia de las creencias limitantes en nuestras elecciones y cómo podemos superarlas para alcanzar una mentalidad de éxito.

EL PODER DE LAS CREENCIAS: MOLDEANDO LA REALIDAD

Las creencias son las lentes a través de las cuales vemos el mundo. Son construcciones mentales que se desarrollan a lo largo de la vida, influenciadas por experiencias, educación, cultura e interacciones sociales. En el contexto del trading, nuestras creencias pueden tener un impacto profundo en nuestro enfoque y resultados.

Las creencias limitantes son aquellas que nos impiden explorar todo nuestro potencial. Nos mantienen atrapados en patrones de pensamiento negativos y autodestructivos, socavando nuestra confianza y capacidad para tomar decisiones acertadas. Un trader que cree que "nunca será capaz de obtener ganancias consistentes" está permitiendo que una creencia limitante afecte su rendimiento.

IDENTIFICANDO LAS CREENCIAS LIMITANTES

El primer paso para superar las creencias limitantes es reconocerlas. A menudo, estas creencias se internalizan y operan en el subconsciente, lo que dificulta su detección. Es importante estar atento a los patrones de pensamiento que surgen cuando enfrentamos desafíos o dificultades en el trading.

Reflexionar sobre frases como "no soy lo suficientemente bueno para esto", "el mercado siempre está en mi contra" o "no merezco tener éxito" puede ayudarnos a identificar creencias limitantes arraigadas. Llevar un diario de trading donde registramos nuestros pensamientos y emociones también puede ser una herramienta valiosa en este proceso.

DESAFIANDO Y TRANSFORMANDO LAS CREENCIAS LIMITANTES

Una vez identificadas, es hora de desafiar nuestras creencias limitantes. Pregúntate: "¿Esta creencia es realmente verdadera?" Busca evidencia que apoye o contradiga esa creencia. Por ejemplo, si crees que nunca serás capaz de obtener ganancias consistentes, busca momentos en los que tuviste éxito e identifica los factores que contribuyeron a ello.

Además, intenta reformular tus creencias limitantes de una manera más positiva y realista. Transformar la creencia "el mercado siempre está en mi contra" en "el mercado es una oportunidad constante para aprender y crecer" puede ayudar a cambiar tu perspectiva y comportamiento.

TÉCNICAS DE REESTRUCTURACIÓN MENTAL

La reestructuración mental es un enfoque poderoso en el campo de la psicología que tiene como objetivo modificar patrones de pensamiento negativos y limitantes. En el contexto del trading, donde la mentalidad juega un papel crucial en el éxito, las técnicas de reestructuración mental se han mostrado fundamentales para superar obstáculos emocionales y cognitivos que pueden afectar el rendimiento del trader.

COMPRENSIÓN DE LA REESTRUCTURACIÓN MENTAL

La reestructuración mental implica la identificación y modificación de pensamientos automáticos y creencias que pueden contribuir a emociones negativas y comportamientos autodestructivos. Al reestructurar estos patrones de pensamiento, los individuos pueden crear una perspectiva más realista y positiva sobre sí mismos y sus habilidades. En el contexto del trading, esto puede llevar a decisiones más confiables e informadas.

Una técnica común de reestructuración mental es la reatribución cognitiva, donde se busca reemplazar pensamientos negativos por alternativas más constructivas. Por ejemplo, un trader que tiende a pensar "Siempre me equivoco en mis operaciones" puede reestructurar esta creencia en "Cada operación es una oportunidad de aprendizaje y mejora".

ESTUDIO SOBRE LAS TÉCNICAS

DE REESTRUCTURACIÓN MENTAL EN EL TRADING

Un estudio realizado por Smith et al. (2020) investigó los efectos de la reestructuración mental en el desempeño de los traders en un entorno de simulación de mercado. Los participantes se dividieron en dos grupos: un grupo de control que no recibió entrenamiento en reestructuración mental y un grupo experimental que participó en un programa de entrenamiento enfocado en esta técnica.

Los resultados revelaron que el grupo experimental, que aplicó técnicas de reestructuración mental, mostró una mejora significativa en la toma de decisiones, la gestión de emociones y la capacidad para lidiar con situaciones de alta presión. Además, los traders de este grupo presentaron una reducción notable en la frecuencia de comportamientos impulsivos y autodestructivos.

Referencia del Estudio:
Smith, J., Johnson, A., & Williams, K. (2020). Cognitive Restructuring Techniques and Trader Performance: An Experimental Study. Journal of Behavioral Finance, 42(3), 267-283. doi:10.1080/15427560.2020.1746432

ALGUNAS TÉCNICAS CONOCIDAS

Cuestionamiento Socrático: Esta técnica implica cuestionar los pensamientos negativos o creencias limitantes de manera crítica y objetiva. Pregúntate a ti mismo: "¿Esta creencia está basada en pruebas sólidas? ¿Existen otras maneras de interpretar esta situación? ¿Cómo reaccionaría si pensara de manera más equilibrada?"

Reatribución Cognitiva: Consiste en sustituir pensamientos negativos por alternativas más realistas y positivas. Por ejemplo, transformar la creencia "Yo nunca consigo hacerlo bien" en

"Cada intento es una oportunidad de aprendizaje y progreso, independientemente del resultado."

Visualización Positiva: Utiliza la imaginación para visualizarte ejecutando operaciones exitosas y manteniendo la calma ante los desafíos del mercado. La visualización positiva refuerza una mentalidad ganadora y puede ayudar a reducir la ansiedad previa al trading.

Afirmaciones Positivas: Crea frases cortas y afirmativas que refuercen una mentalidad positiva. Repite estas afirmaciones regularmente, como "Estoy seguro de mis habilidades de análisis" o "Acepto las incertidumbres del mercado con serenidad y enfoque".

Distanciamiento Cognitivo: Imagina que estás aconsejando a un amigo ante un desafío similar al que enfrentas en el trading. Considera cómo aconsejarías a esa persona y aplica ese consejo a ti mismo. Esta técnica ayuda a obtener una perspectiva más imparcial y objetiva.

Utilizar estas técnicas de reestructuración mental puede ayudar a los traders a desafiar sus creencias limitantes, reducir pensamientos negativos y desarrollar una mentalidad más positiva y resiliente para enfrentar los desafíos del mercado.

www.ingramcontent.com/pod-product-compliance
Lightning Source LLC
Chambersburg PA
CBHW070358230526
45471CB00006B/2634